VEVEY
-5.III.92.- 3
EXP LETTR.
To
Charles J Murray Esqre
White Waltham
Nr Maidenhead
Berks
Recommandé
Miss Rochusson
Nyon
Lac de Genève
Suisse
HYERES A ST RAPHAEL
CARTOLINA·POSTALE
COMMEMORATIVA·DEL
XXV·ANNIVERSARIO·DELLA
LIBERAZIONE·DI·ROMA
MONTREUX
POSTE·ITALIANE
XX SETTEMBRE

MAGDALENA FOURNILLIER

Geborgen

Die Reise des
kleinen Pinguins in sein
innerstes Zuhause

Für meine Familie,
die mir Geborgenheit gibt.

Inhalt

Prolog

Es scheint solche Menschen zu geben, die ganz einfach in der Welt sein können. Die durch das Leben gehen und immun sind gegen die Heftigkeit der Eindrücke. Ganz anders ist es für uns, die wir uns nicht so gut vor den äußeren Eindrücken schützen können. Die trotz der Sehnsucht nach anderen Menschen vielleicht nur schwer einen Platz in der Gemeinschaft finden.

Der Pinguin meiner Geschichte ist ein Herdentier und ein soziales Wesen, so wie wir es eigentlich auch sind, und dennoch ist er allein unterwegs in einer für ihn untypischen Umgebung. Wir wissen nicht, wie es dazu kam, aber vielleicht ahnen wir es im Laufe seiner Reise und durch die Gespräche, die er führt. Einige werden denken, natürlich sucht er nach Geborgenheit, denn kein Pinguin fühlt sich allein im Nirgendwo geborgen. Doch vielleicht, so denke ich manchmal, ist er dort, weil er sich schon vorher nicht geborgen gefühlt hat, auch nicht in seinem typischen Umfeld, auch nicht in der Kolonie mit den anderen Pinguinen.

Manchmal müssen wir unseren angedachten Platz in der Welt verlassen, um den für uns richtigen Weg zu finden. Dazu gehört viel Mut und Selbstvertrauen.

Sobald man die alten Pfade verlässt, bricht man nicht selten auch mit den Erwartungen anderer. Stößt vielleicht sogar auf Widerstand oder Ablehnung.

Einfacher wäre es sicherlich, sich mit den Erwartungen anderer zu arrangieren oder vielleicht sogar mit Rückzug zu reagieren.

Doch wenn wir wirklich aufrichtig mit uns selbst sind, glaubt wohl niemand, dass sich zu verstecken eine gute Idee ist, um der Welt zu begegnen.
Der Weg zu sich selbst ist wohl der längste aller Wege und zudem widersprüchlich. Denn wenn wir uns aufmachen, ihn zu gehen, kann es durchaus passieren, dass wir erkennen müssen, dass unser Sehnsuchtsort und unser Paradies eigentlich ganz nah waren. Wir haben nur nicht gewusst, wonach wir suchen mussten.
Auf seiner Reise trifft der Pinguin viele verschiedene Tiere und neue Freunde, mit denen er berührende Gespräche führt und der Welt neu begegnet. Er erfährt, dass Pfützen für manche ein ganzes Meer sind, dass man manchmal Briefe schreiben muss, um selbst welche zu bekommen, und dass man mit Innehalten oft viel weiterkommt als durch viele Schritte. Vielleicht inspiriert euch der Weg des Pinguins, auch eure Verstecke zu verlassen und die Geborgenheit, die ihr sucht, in der Welt zu finden.

Frühling

Ein neuer Weg

Unruhig wanderte der kleine Pinguin umher, stets auf der Suche nach einem Ort, der sich wie Zuhause anfühlt. Und ihm wurde klar, dass seine Suche eine Aufgabe war.

»Die Welt ist groß und unübersichtlich.
Ich bin mir nicht sicher, welcher Weg der
richtige für mich ist«, überlegte der Pinguin.

»Weißt du, lieber Pinguin,
das ist eine Frage der Perspektive.
Von oben sieht die Welt ganz anders aus«,
sprach die Krähe.

»Und selbst wenn du dich mal einsam fühlst,
gibt es immer noch den Wind,
der dich trägt und hält.«

»Warum habe ich Flügel, wenn ich
nicht damit fliegen kann?«,
fragte der kleine Pinguin.

»Ich kann mit meinen Flügeln fliegen, aber deine kannst du nutzen, um zu umarmen. Du kannst sie ausbreiten, um uns zu zeigen, wie groß deine Welt ist. Am Ende sind unsere Träume da, um zu fliegen …«, sagte die Krähe, »… und unsere Flügel, um zu tragen.«

Der Weg zu mir ist lang, egal, wie weit ich laufe.

»Wo gehst du denn hin, Pinguin?«,
fragte das Eichhörnchen etwas verwundert.
»Ich fühle mich einsam und bin auf der Suche
nach einem Ort, an dem ich mich anders
fühlen kann. Sicherer, geliebt und warm.
Ich suche einen Ort zum Ankommen«,
antwortete der Pinguin.

»Das klingt, als suchst du nach Geborgenheit. Bei den großen Eichen im Park fühle ich mich immer sehr geborgen.
Komm, ich zeige sie dir.«

»Siehst du die jungen Bäume dort?
Ich glaube, wir sind etwas spät dran.
Wahrscheinlich waren das mal meine Vorräte«,
sagte das Eichhörnchen schmunzelnd.

»Oh, davon wirst du wohl nicht mehr satt werden«,
stellte der Pinguin mitfühlend fest.
»Nein, das nicht, aber so habe ich in Zukunft
mehr Bäume zum Klettern.«

»Du siehst aus, als würdest du etwas suchen!«,
bemerkte der Reiher.

»Ja, ich suche einen Ort, der zu mir passt.
Einen Ort, an dem ich zu Hause sein kann.«

»Verstehe. Also, ich fühle mich zu Hause, wenn ich satt bin – und nach einem guten Gespräch mit lieben Freunden«, sagte der Reiher.

»Wenn ich mich also geborgen und glücklich fühle, bin ich schon zu Hause?«, überlegte der Pinguin.

»Genau, ein Zuhause muss nicht unbedingt ein Ort sein, es kann auch ein schönes Gefühl sein.«

»Dann schmeckt für mich Eis nach zu Hause.«

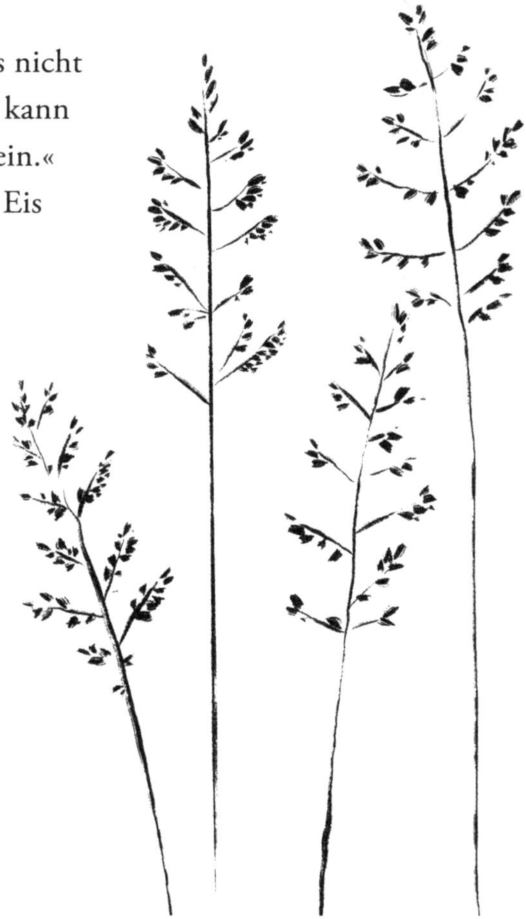

»Einen so schönen Ort habe ich nur selten gesehen«,
bemerkte der Pinguin mit einem Lächeln.
»Es sind die ersten Blumen nach dem Winter,
die meinen Garten so schön machen«,
antwortete der Maulwurf erfreut.

»Also bist du hier zu Hause?«, fragte der Pinguin neugierig. »Zumindest fühle ich mich hier geborgen. Die Blumen erinnern mich daran, dass der Winter nicht für immer ist.«

»Blumen blühen aber leider auch nicht ewig«, seufzte der Pinguin nachdenklich.

»Weißt du, manchmal liegt der Wert von etwas in dessen Existenz und nicht in seiner Dauer«, sagte der Maulwurf.

»Ich möchte mich gern auch geborgen fühlen«, gestand der Pinguin.

»Die Geborgenheit, nach der du suchst, müsste wohl etwas Dauerhafteres sein, denke ich«, überlegte der Maulwurf und blickte den Pinguin fragend an.

»Ja, etwas länger als eine Blüte
sollte sie schon anhalten.
Würdest du mir
dennoch eine Blume
für meinen Weg
mitgeben?«, fragte der
Pinguin den Maulwurf.
»Nimm dir gerne eine mit,
auch wenn sie dich nicht
deinen ganzen Weg
begleiten kann«, sagte der
Maulwurf mit einem
gütigen Lächeln.
»Ich möchte nur noch
einen Moment festhalten,
was wir bald loslassen müssen.«

Vielleicht bin ich hier zwar nicht zu Hause,
aber ich bin hier gerne wach.

»Wohin gehst du so ganz alleine?«, fragte die Turteltaube neugierig. »Ich folge einem Weg, den ich alleine gehe«, antwortete der Pinguin, »ohne dabei einsam zu sein.«

»Dann wäre ich gerne mit dir gemeinsam nicht einsam. Was meinst du, darf ich dich ein Stück auf diesem Weg begleiten?«
»Wie schön es ist, eine Begleitung zu haben«, bemerkte der Pinguin gerührt, »mit der ich mein Eis teilen kann.«

»Oh, nun ist es uns runtergefallen.
Was jetzt?«, fragte die Taube.

»So traurig es ist: Zu akzeptieren ist eine Sache, resignieren eine andere«, antwortete der Pinguin.

Es ist schon komisch:
Manchmal gehe ich weiter,
dabei möchte ich eigentlich
noch bleiben. Und manchmal
halte ich fest, was ich besser
loslassen sollte.

»Der Himmel rauscht und glitzert«, sagte der Pinguin.
»Das sind die Eintagsfliegen. Am letzten Tag ihres Lebens treffen sie sich am Himmel«, antwortete der Maikäfer.
»Nur für einen Tag? Ist das nicht viel zu kurz?«, fragte der Pinguin.
»Die Kostbarkeit eines Moments«, antwortete der Maikäfer, »hängt nicht nur von seiner Dauer ab, sondern von der Intensität, mit der wir ihn erleben.«

»Heute sind meine Füße müde.
Ich werde eine Pause machen
und keinen Schritt weitergehen«,
sagte der Pinguin erschöpft.

»An den Tagen, an denen
ich einfach nur so herumliege und nachdenke,
komme ich oft viel weiter als an den Tagen,
an denen ich viele Schritte mache«,
murmelte die Kröte.

»Hat der Regen dich hervorgelockt oder vertrieben?«, fragte der Pinguin den Regenwurm.
»Beides gleichermaßen. Eigentlich komme ich nicht gerne nach oben, weil das für mich gefährlich ist. Aber wenn ich es dann doch mache, bin ich jedes Mal beeindruckt, wie sehr es die Dunkelheit des Unwetters braucht, um das Licht der Blitze zu sehen, und wie sehr den Sturm für die Ruhe danach.«

»Stimmt«, sagte der Pinguin, »wir können die Schönheit nur sehen, wenn wir auch ihre Abwesenheit kennen. Wir wissen, wie stark wir sein können, wenn wir auch erfahren mussten, wie es sich anfühlt, schwach zu sein.«

Sommer

Wohin wir gehen

Woher wir kommen, ist egal,
wichtig ist, wohin wir gehen.

»Manchmal habe ich das Gefühl, dass mir der Blick für das Wesentliche fehlt«, überlegte der Pinguin.

»Oft hängt das, was wir sehen,
eng zusammen mit dem,
wer wir sind«,
sagte der Frosch
und fuhr fort:

»Manchmal hilft ein Perspektivwechsel, um den Blick für das Wesentliche nicht zu verlieren. Wir beide sehen die Welt auch in ihrer Tiefe, und wenn unsere Augen nach dem Auftauchen zunächst getrübt sind, verschaffen wir uns so vielleicht die Klarheit, die uns im Alltag gerne mal verloren geht.«

»Ist es nicht erstaunlich, wie aus dem gleichen Regenschauer
so viele verschiedene Pfützen entstehen können?«,
fragte der Pinguin die Ente.
»Oh ja, und dabei hat jede eine einzigartige Form und
spiegelt einen anderen Teil ihrer direkten Umgebung
wider«, antwortete die Ente.
»Das ist genau wie bei uns, oder nicht?«

»Manchmal stelle ich mir vor,
jede Pfütze wäre ein Eingang zu einem
großen unterirdischen Gewässer oder Meer«,
sagte der Pinguin.
»Für mich ist jede Pfütze ein Meer«,
sagte die Kaulquappe.

»Hallo, kleine Raupe, kann ich dir helfen?«
»Das ist sehr freundlich von dir«,
sagte die Raupe dankbar.
»Ja, ich bin zu allen freundlich«,
antwortete der Pinguin.
»Bist du es denn auch zu dir selbst?«,
fragte die Raupe.

»Vielleicht nicht immer«, überlegte der Pinguin, »manchmal bin ich sehr ungeduldig mit mir.«
»Jede Phase unserer Entwicklung hat ihre Bedeutung. Es liegt an uns, sie zu würdigen und gespannt zu sein, was noch auf uns zukommt«, sagte die Raupe.

»Was machen wir hier?«,
fragte der Pinguin den Waschbären gespannt.
»Eine Schatzsuche!«, sagte der Waschbär aufgeregt.
»Wahre Schätze sind meist nicht sofort erkennbar
und verstecken sich oft im Alltäglichen.«

Und manchmal ist alles Gold, was ich begehre,
und der einzige Schmuck, den ich tragen will,
die tanzenden Sonnenstrahlen in meinem Gesicht.

»Der Regenwurm hat recht. Es braucht die Dunkelheit,
um das Licht zu sehen!«, sagte der Pinguin zur Nachtigall.
»Siehst du den Stern dort?«, fragte die Nachtigall.
»Ich glaube, das ist mein liebster von allen Sternen,
weil er viel heller leuchtet als die anderen.«
»Ich glaube, der Himmel ist nur so schön,
weil sie alle leuchten«, überlegte der Pinguin.

»Oh, ihr leuchtet aber auch wunderschön«,
sagte der Pinguin zu den Glühwürmchen.
»Ich wünschte, ich könnte ebenfalls so leuchten.«
»Das tust du«, sagte das Glühwürmchen.
»Wir sind alle mit unserem eigenen Leuchten
auf die Welt gekommen. Du hast vielleicht nur
verlernt, es zu sehen. Ich sehe dein Leuchten,
genauso wie du meines siehst.«

»Vierblättrige Kleeblätter sollen Glück bringen«,
bemerkte der Pinguin.

»Ich habe schon so viele davon in meinem Leben gegessen, und sie schmecken genauso wie die mit drei Blättern«, antwortete der Hase.

»Was tust du da?«,
fragte der Pinguin den Otter.
»Ich übe das Mich-treiben-Lassen.«

Die einzige Möglichkeit, um herauszufinden,
ob ein Weg der richtige für einen ist oder nicht, ist,
ihn auszuprobieren, und zwar mit vollem Einsatz.

»Das Leben ist ein Fluss voller Entscheidungen. Und manchmal muss man gegen den Strom schwimmen, um an sein Ziel zu kommen«, sagte die Forelle.

»Und was passiert, wenn ich mich vom Strom mitreißen lasse, weil ich zu müde bin, dagegen anzuschwimmen?«, fragte der Pinguin.
»Nicht nur Kinder wollen getragen werden. Auch uns tut es gut, wenn wir ein wenig gehalten werden, während wir uns treiben lassen.«
»Wie der Otter?«, fragte der Pinguin.
»Wie der Otter«, bestätigte die Forelle.

»Du hast diesen wunderschönen Bau ganz alleine gebaut?
Beeindruckend, was du alles kannst«,
sagte der Pinguin.

»Ach, das ist es nicht, Pinguin. Dieser Ast dort ist zum Beispiel schief. Das stört mich sehr, und es ist mir peinlich«, sagte der Biber.

»Also, ich sehe hundert gerade Äste. Den einen schiefen habe ich gar nicht bemerkt«, antwortete der Pinguin. »Ich glaube nicht, dass das Leben perfekt sein muss, damit es gut ist.«

Herbst

Alles, was wir uns trauen

Mit dem Licht gehen all die Farben,
aber auch die Schatten
verlieren an Härte.

»Findest du es nicht schade,
dass der Sommer sich verabschiedet?«
»Ich mag alle Jahreszeiten gerne«, antwortete die Amsel.
»Ohne sie würde mir viel zu viel Abwechslung entgehen.
Im Frühling werde ich ganz aufgeregt und singe fröhliche Lieder. Im Sommer sind die Tage lang und ich fühle mich frei und glücklich. Im Herbst wird es kühler, aber ich genieße es, satt und zufrieden zu sein.«

»Findest du den Winter auch schön?«, fragte der Pinguin. »Gutes und Schönes passiert im Winter wie im Sommer«, antwortete die Amsel.

»Sogar im Sommer kann so manches schwierig und schwer sein«, fuhr die Amsel fort. »Es ist daher immer wichtig, das Gute im Blick zu haben. Im Winter suche ich zum Beispiel mit meiner Familie nach Futter und fühle mich bei ihnen geborgen und gut aufgehoben.«

»Ich glaube, wir können alles, was wir uns trauen«,
sagte der Fuchs.
»Das klingt schon fast nach Magie«,
antwortete der Pinguin.
»Das ist Magie.«

»Ich wäre so glücklich mit dem, was ich nicht habe«, sagte die kleine Maus zum Pinguin.
»Ich denke bei jedem Eis auch schon an das nächste«, sagte der Pinguin.
»Wie viel würde sich ändern, wenn wir die Dinge so genießen, wie sie sind«, erwiderte die Maus.

»Ich schaffe es sicher
wieder nicht bis zum obersten Ast«,
sagte der Pinguin zur Eule.

»Manchmal denken wir, dass wir etwas nicht gut können, nur weil wir beim letzten Versuch gescheitert sind. Auch beim letzten Mal bist du geklettert, nur nicht so hoch, wie du es dir vorgestellt hattest«, antwortete die Eule.

»Weißt du, ich möchte gerne bis ganz nach oben, um mir einen besseren Überblick zu verschaffen«, sagte der Pinguin.
»Einen Überblick erhältst du aber nicht nur von oben. Vielmehr hilft es, in alle Richtungen zu schauen. Auch ein Blick zurück kann uns den Weg nach vorne weisen«,
sagte die Eule.

Im Schweigen merke ich, wie unterhaltsam
auch die Stille ist.

»Auf meinem langen Weg wird mir manchmal etwas langweilig«, sagte der Pinguin.
»Was bedeutet langweilig?«, fragte die Schnecke.
»Dass etwas länger dauert, als man Lust und Freude daran hat«, erläuterte der Pinguin.

»Wenn das so ist, dann ist mein ganzes Leben langweilig. Aber so kommt es mir nicht vor. Und obwohl ich nicht die Schnellste bin, vergeht die Zeit wie im Flug. Dauernd passiert etwas.«

»Ich würde auch gerne so elegant und anmutig übers Wasser gleiten können wie du, lieber Schwan«, sagte der Pinguin ehrfürchtig.
»Du schwimmst und tauchst viel schneller als ich und bist dabei so wendig und geschickt, das finde ich sehr beeindruckend. Durch das Vergleichen verlieren wir oft den Blick für unsere eigenen Stärken«, antwortete der Schwan.

»Wirst du dich nach deinem Winterschlaf an mich erinnern?«, fragte der Pinguin den Igel etwas besorgt. »Natürlich werde ich mich an dich erinnern, weil die Zeit mit dir schön und aufregend war. Ich vergesse nur die unwichtigen Sachen.«

»Euch beim Tröten und Singen zuzusehen, vermittelt ein so schönes Gefühl von Gemeinschaft«, sagte der Pinguin zum Kranich.

»Ich wusste gar nicht, dass Gemeinschaft ein Gefühl ist«, antwortete der Kranich verdutzt.

»Ich glaube …«, sagte der Pinguin, »… es ist sogar eines der schönsten Gefühle.«

»Wir müssen uns verabschieden, lieber Pinguin,
wir ziehen nun weiter«, sagte der Kranich.
»Wie gut, dass ihr gemeinsam reist, denn Abschied
alleine kann so schwer sein«, sagte der Pinguin
»Es ist gleichzeitig auch schön, jemanden zu haben,
der es so schwer macht, sich zu verabschieden«,
erwiderte der Kranich mit einem traurigen Lächeln.

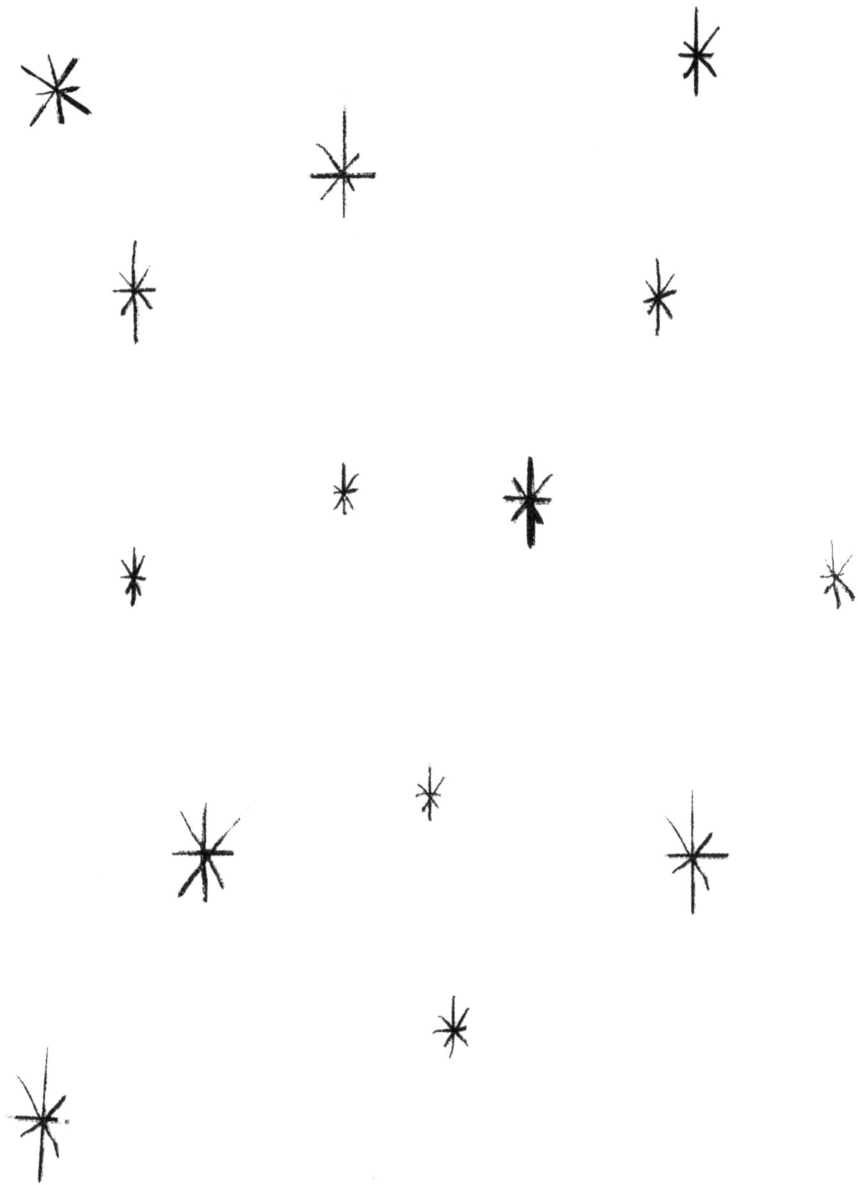

Winter

Dort wo wir gehen,
hinterlassen wir Spuren

»Der Schnee sorgt für so viel Ruhe, er dämpft alles. Sowohl das, was wir sehen, als auch das, was wir hören«, sagte der Pinguin. »Sogar das Lärmen meiner Gedanken wird mit den fallenden Schneeflocken immer ruhiger.«

»Dort, wo wir gehen, hinterlassen wir Spuren, die andere inspirieren und ermutigen können, uns zu folgen«, überlegte der Pinguin laut und betrachtete die Spuren im Schnee.

»Und da wo wir Nüsse im Schnee verstecken, wächst manchmal ein ganzer Wald«, sagte das Eichhörnchen und verschwand schnell zwischen den Zweigen.

»Ich bin auf der Suche nach der großen Liebe«,
antwortete die Schneegans.
»Warum?«, fragte der Pinguin.
»Weil das Gefühl der Liebe so unbeschreiblich schön ist«,
sagte die Schneegans.
»Liebe kannst du immer fühlen, du brauchst sie nur zuzulassen«,
sagte der Pinguin. »Wir können uns selbst lieben, die Schönheit
des Schnees oder etwas Undefinierbares und Unbekanntes.
Ich glaube, das alles ist Liebe.«

»Auf einem unebenen Weg ist es ganz natürlich, dass wir auch mal hinfallen«, sagte der Fuchs schmunzelnd.
»Das war sicher nicht der richtige Weg für mich«, sagte der Pinguin.
»Es gibt für uns nicht nur den einen Weg und der leichteste ist gleichzeitig nicht immer der richtige«, gab der Fuchs zu bedenken.

»Aber warum fühle ich mich manchmal so verloren?«, fragte der Pinguin.
»Manchmal haben wir uns ein wenig verloren. Niemand weiß immer, was er tun soll oder wohin die Reise geht.
Das Leben ändert sich, die Welt ändert sich, und wir verändern uns auch«, antwortete der Fuchs. »Ich denke, Veränderung kann auch eine Eingangstür zum Verstehen sein.«

»Warum ist die Welt eigentlich so, wie sie ist?«, überlegte der Pinguin.
»Die Welt ist nicht, wie sie ist. Sie ist, wie wir denken, dass sie ist. Jede Wahrnehmung hat ihre eigene Wahrheit«, antwortete die Hofkatze.

»Ich mag es kuschelig und gemütlich im Haus meiner Familie«, fuhr die Hofkatze mit leichtem Schnurren fort, »aber gleichzeitig streune ich gerne stundenlang durch die Felder. Wer könnte mit Gewissheit sagen, wie ich wirklich bin, wenn ich so unterschiedlich sein kann?«

Manchmal weiß ich nicht, für welchen Weg ich mich entscheiden soll. Aber ich glaube, das Geheimnis liegt darin, einen Fuß vor den anderen zu setzen.

Für welche Richtung ich mich entscheide,
ist erst mal nicht so wichtig.
Die kann ich jederzeit wieder ändern.

»Was trägst du da mit dir herum?«, fragte der Pinguin die Taube.
»Oh, das? Das ist ein Brief.«
»Was ist ein Brief?«, hakte der Pinguin nach.
»Ein Brief ist eine geschriebene Nachricht an jemanden, um sich mit Worten nah sein zu können – egal, wie weit man voneinander entfernt ist«, sagte die Brieftaube.

»Oh, ich würde auch gerne einmal einen Brief bekommen«, sagte der Pinguin.
»Vielleicht musst du erst einen schreiben, um einen zu bekommen«, antwortete die Brieftaube.

Epilog

Vertraute Wege, neue Ziele

Manchmal ist die Natur karg und grau,
und manchmal voller Licht und Farbe,
doch stets pulsiert das Leben in ihrem Herzen.

»Was machen wir mit den ersten warmen Strahlen der Sonne?«,
fragte die Krähe den Pinguin gut gelaunt.
»Wir könnten ein Eis essen. Ich liebe Eis.«
»Aber der Schnee ist doch grade erst geschmolzen«,
antwortete die Krähe verdutzt.
»Ja, und er fehlt mir jetzt schon«,
sagte der Pinguin lachend.

»Da bist du wieder, Pinguin«, sagte der Maulwurf.
»Ja, genau wie deine Blumen bin auch ich im Frühjahr zurück.«
»Hast du denn inzwischen gefunden, wonach du gesucht hast?«, fragte der Maulwurf.

»Ja, Maulwurf, ich habe es und sogar mehr gefunden«, antwortete der Pinguin lächelnd.
»Soso. Und wo fandest du die Geborgenheit, nach der du dich so sehr gesehnt hast?«, fragte der Maulwurf.
»Sie war die ganze Zeit hier, sie war bei dir und in mir und zwischen uns. Im aufregend Neuen und im Vertrauten, auf jedem Weg und hinter jeder Biegung.«

»Was du nicht sagst«, antwortete der Maulwurf und musste auch lächeln.
»Geborgenheit kann überall sein, wo man sich sicher und akzeptiert fühlt. Und wenn wir es schaffen, uns selbst zu akzeptieren, dann ist Geborgenheit auch in uns. Egal, wohin wir gehen, können wir sie dann sogar mit anderen teilen.«
»Dann endet deine Suche also hier?«, fragte der Maulwurf gespannt.
»Ja, meine Suche endet hier, aber meine Reise geht weiter. In meinem innersten Zuhause gibt es noch so viel zu entdecken«, sagte der Pinguin.

Nachwort

Lange bevor ich anfing, das Buch über den kleinen Pinguin zu schreiben, war ich bereits auf der Suche. Denn ich spürte deutlich, dass etwas fehlte, auch wenn es mir zu dieser Zeit noch schwerfiel, diesen unbestimmten Mangel in Worte zu fassen.
Damals half ich meiner Tante dabei, Haushalte zu entrümpeln. Während ich die materiellen Überbleibsel vergangener Leben in Kisten und Container packte, begriff ich, dass viele Menschen vor mir auch schon auf der Suche waren und dass manche aus dem Leben schieden, ohne jemals gefunden zu haben, wonach sie suchten. Das mag alles sehr vage und am Ende vielleicht sogar etwas spirituell klingen. Doch möchte ich euch sagen, dass ich für mich ein wenig von dieser Vagheit beim Arbeiten an diesem Buch klären konnte und zwei Dinge begriff.
Erstens: Sinn ist etwas, das von uns ausgeht. Wir geben unserer Welt und unserem Leben einen Sinn; es ist nichts, was die Welt einfach so für uns bereithält. Doch durch Gemeinschaft, Freundschaft und Wertschätzung können wir uns und anderen Menschen dabei helfen, einen Sinn für sich zu entdecken.
Zweitens: Geborgenheit können wir nur dann empfinden, wenn wir die Rollen, die wir spielen, ablegen dürfen. Wenn wir nicht länger sein müssen, sondern einfach sein dürfen.
Sicher habe auch ich noch einiges an Weg vor mir, aber immerhin erahne ich so langsam die Richtung, in die es gehen kann.

Dank

Über Geborgenheit hätte ich niemals schreiben können, wenn ich sie im Leben nicht selbst erlebt hätte. Noch heute denke ich an die wohlige Geborgenheit meiner frühen Kindheit zurück, die mir damals so selbstverständlich vorkam. Heute weiß ich, dass es so war, weil meine Eltern mir diese Geborgenheit gaben. Danke!

Danken möchte ich Patrick, meinem Mann, weil er so ist, wie er ist, und mir so viel Zuneigung und Unterstützung schenkt. Auch unseren beiden Kindern Levi und Alma möchte ich danken. Sie halfen mir bei diesem Buch mit vielen guten Ideen.

Christian möchte ich danken für sein Fachwissen, seine Ermutigungen und seine Freundschaft.

Dem Verlagsteam von Gräfe und Unzer, das immer an dieses Projekt und an mich geglaubt hat und mir ermöglichte, den kleinen Pinguin und all die anderen Parkbewohner ins Leben zu rufen – danke für euer Vertrauen.

Viola möchte ich danken, die mit so viel Herz, Witz, Geduld und Passion an dem Projekt gearbeitet hat. Ohne sie würde es das Buch wohl gar nicht geben.

Jenifer und Lila möchte ich für die Briefe danken und die schöne Zeit auf der Suche nach alten Schätzen.

Außerdem danke ich Anette, Lovis, Liza, Jan, Heike, Christine, Christa, Daniel und Leonie sowie meinen Follower*innen auf Social Media, ohne deren Unterstützung und Ermutigungen ich mich nicht getraut hätte, ein solches Projekt anzugehen.

Über die Autorin

Magdalena Fournillier hat an der Hochschule für Gestaltung in Offenbach studiert und arbeitet seit 2012 als freischaffende Illustratorin, Designerin und Fotografin für verschiedene Agenturen und Verlage. Auf ihrem Instagram-Kanal @madgen.fou (15k) zeigt sie sich und ihre Zeichnungen in einer berührenden und offenen Weise. In wunderschönen Worten beschreibt sie das oft schmerzhafte Gefühl des Außenseitertums, die Suche nach einem Platz im Leben und in der Gesellschaft, das Entdecken ihrer eigenen Stärke und der unerwarteten Schönheiten, die im Anderssein verborgen sind.

Folge ihr gerne auf Instagram, um mehr über ihre Arbeiten zu erfahren: @madgen.fou
Darüber hinaus lädt ihr Onlineshop dazu ein, in die Welt ihrer Kunst einzutauchen: magdalena.fournillier.de
Dort bietet sie liebevoll gestaltete Kunstdrucke und Postkarten ihrer Illustrationen an, die einen Hauch ihrer einzigartigen Perspektive in jedes Zuhause bringen.

LIEBE LESERINNEN UND LESER,
wir wollen Ihnen mit diesem Buch Informationen und Anregungen geben, um Ihnen das Leben zu erleichtern oder Sie zu inspirieren, Neues auszuprobieren. Wir achten bei der Erstellung unserer Bücher auf Aktualität und stellen höchste Ansprüche an Inhalt und Gestaltung. Alle Anleitungen und Rezepte werden von unseren Autoren, jeweils Experten auf ihren Gebieten, gewissenhaft erstellt und von unseren Redakteur*innen mit größter Sorgfalt ausgewählt und geprüft.

Haben wir Ihre Erwartungen erfüllt? Sind Sie mit diesem Buch und seinen Inhalten zufrieden? Wir freuen uns auf Ihre Rückmeldung. Und wir freuen uns, wenn Sie diesen Titel weiterempfehlen, in Ihrem Freundeskreis oder bei Ihrem Online-Kauf.

Sollten wir Ihre Erwartungen so gar nicht erfüllt haben, tauschen wir Ihnen Ihr Buch jederzeit gegen ein gleichwertiges zum gleichen oder ähnlichen Thema um.

KONTAKT ZUM LESERSERVICE
GRÄFE UND UNZER VERLAG
Grillparzerstraße 8
81675 München
www.gu.de

IMPRESSUM

GU ist eine eingetragene Marke der GRÄFE UND UNZER VERLAG GmbH, www.gu.de

ISBN 978-3-8338-9484-8
5. Auflage 2025

Projektleitung: Viola Schmid
Lektorat: Viola Schmid
Bildredaktion: Simone Hoffmann
Umschlaggestaltung: ki36, Editorial Design, München, Bettina Stickel
Herstellung: Chiara Knell
Satz: Uhl + Massopust, Aalen
Reproduktion: Ludwig Media, Zell am See
Druck und Bindung: Dimograf, Polen

UMWELTHINWEIS

PEFC/32-31-076

Nachhaltigkeit ist uns sehr wichtig. Der Rohstoff Papier ist in der Buchproduktion hierfür von entscheidender Bedeutung. Daher ist dieses Buch auf PEFC-zertifiziertem Papier gedruckt. PEFC garantiert, dass ökologische, soziale und ökonomische Aspekte in der Verarbeitungskette unabhängig überwacht werden und lückenlos nachvollziehbar sind.

BILDNACHWEIS

Autorinnenfoto: © privat
Cover und Illustrationen: Magdalena Fournillier
Syndication: Bildagentur Image Professionals GmbH, Tumblingerstr. 32, 80337 München
www.imageprofessionals.com

WICHTIGER HINWEIS

Die Gedanken, Methoden und Anregungen in diesem Buch stellen die Meinung bzw. Erfahrung der Verfasserin dar. Sie wurden von der Autorin nach bestem Wissen erstellt und mit größtmöglicher Sorgfalt geprüft. Sie bieten jedoch keinen Ersatz für persönlichen kompetenten medizinischen Rat. Jede Leserin, jeder Leser ist für das eigene Tun und Lassen auch weiterhin selbst verantwortlich. Weder Autorin noch Verlag können für eventuelle Nachteile oder Schäden, die aus den im Buch gegebenen praktischen Hinweisen resultieren, eine Haftung übernehmen.

Carta da corrispondenz
Indirizzo
Madame
54 Rue de Monceau
Paris
France
ALEXANDRIEN
SCHUHFABRIK
SPAICHINGEN
MILLE COLONNES
BRUXELLES – La grand' Poste.
Carte Luxe
THOMAS